Orações que Abrem as Comportas do Céu

John Eckhardt

bvbooks

©2012, BV Films Editora Eireli
e-mail: faleconosco@bvbooks.com.br
Rua Visconde de Itaboraí, 311 – Centro – Niterói – RJ
CEP: 24.030-090 – Tel.: 21-2127-2600
www.bvbooks.com.br

Originalmente publicado em inglês com o título de
Prayers That Release Heaven On Earth por Charisma House
A Strang Company
Lake Mary, Florida, USA

Editor Responsável: Claudio Rodrigues
Coeditor: Thiago Rodrigues
Diagramação e Adaptação Capa: Chayanne Maiara
Mariana Haddad
Arte da Capa: Bill Johnson
Tradução: Mitsue Siqueira
Revisão de Texto: Ana Carolina Salerno
Mitsue Siqueira

ISBN 978-85-61411-72-5
1ª edição – Outubro | 2011
2ª reimpressão – Agosto | 2015
Impressão:
Classificação: Oração | Batalha Espiritual

Available in other languages from Strang Communications, 600 Rinehart Road, Lake Mary, FL 32746 USA, Fax Number 407-333-7100 www.strang.com.

Impresso no Brasil

VIVA O UNGIDO DO SENHOR

1. Viva o Ungido do Senhor,
O maior Filho do grande Davi!
Viva, no tempo determinado,
Seu reino na Terra começou!
Ele vem para quebrar a opressão,
Para libertar o cativo,
Reinar em equidade,
E afastar a transgressão.

2. Ele vem pronto a socorrer
Aqueles que sofrem no erro;
Para ajudar o pobre e o necessitado;
E fazer o fraco ser forte;
Para ensiná-los a canção;
Para que a escuridão se torne luz,
E aquelas almas, condenadas a morrer,
Sejam preciosas para Ele.

3. Ele descerá como chuva
Sobre a terra frutífera
E o amor, a alegria, a esperança, como flores,

Brotarão em Seu caminho.
Diante dele, nas montanhas
A paz, mensageira, irá;
E a justiça, em fontes,
Do monte ao vale fluirá.

4. O deserto da Arábia a ranger
A Ele se ajoelhará;
A desconhecida Etiópia
Para ver Sua glória virá;
Navios das ilhas se encontram
Com ofertas e devoção
Para derramar a riqueza do oceano.
A Seus pés, tributo oferecerão.

5. Por Ele se ora sem cessar
E juramentos são feitos a cada dia;
Seu reino ainda crescerá
Um Reino eterno e sem fim.
A maré do tempo não deve nunca
Remover Sua aliança.
Seu nome permanecerá para sempre;
Este nome para nós é Amor.

6. Os céus agora O escondem
Em conselhos profundos e sábios
Aos nossos olhos que regozijam;
Na glória, a Ele são revelados

Ele que, com as mãos levantadas,
Quando apontadas para a terra,
Delas sairão todos os dons
Através de Suas bençãos.

7. Reis diante dele se curvarão
E trarão incenso e ouro.
Seu louvor o povo cantará;
Todas as nações O adorarão.
Sobre os rios, mares e costas,
Seu sábio domínio se estenderá
Tão longe quanto a asa da águia
Ou a do pombo da luz possa voar.

8. Sobre cada inimigo vitorioso,
Ele, em Seu trono, descansará;
De geração em geração, mais glorioso,
Todo-poderoso e bendito será.
A maré do tempo não deve nunca
Remover Sua aliança.
Seu nome permanecerá para sempre;
Seu imutável nome de Amor. ⭑

- James Montgomery

⭑ "Hail to the Lord's Anointed", por James Montgomery, uma paráfrase do Salmo 72, escrito em dezembro de 1821 e publicado em 1822. Domínio público.

SUMÁRIO

Introdução

Deus tem um plano maravilhoso para a igreja: um plano que ajudará a abrir as comportas do céu na terra. Os profetas previram um tempo em que a salvação, a justiça, a paz, a alegria, o regozijo e a redenção viriam para Israel e para o mundo. Jerusalém (Sião) será restaurada e mais uma vez se tornará a morada de Deus. Os pagãos (nações) virão a Deus em Israel e O adorarão. Será o tempo de estabelecer uma aliança eterna (nova aliança). Os planos de Deus são para um tempo no qual as coisas velhas (coisas antigas) passarão e que as novas surgirão. Haverá derramamento do Espírito Santo e o lançamento das águas da vida em Jerusalém, que fluirá pelas nações.

É tempo do povo de Deus receber o Seu plano e orar diligentemente – e trabalhar – para vê-lo se cumprir em Sua igreja. Deus nos deu um claro comando, que deveríamos cumprir. Ele diz:

> E se o meu povo, que se chama pelo meu nome, se humilhar, e orar, e buscar a minha face e se converter dos seus maus caminhos, então eu ouvirei dos céus, e perdoarei os seus pecados, e sararei a sua terra.
>
> \- 2 Crônicas 7:14

Escrevi este livro para que vocês possam entender minuciosamente que o plano de Deus deve estabelecer e avançar Seu reino. Ao ler, deixe seu coração ser tocado pela vontade de cumprir o plano de abrir as comportas do céu na terra. Encha-se de esperança e encha a terra com a Sua justiça. Veja como o plano de Deus é desvendado nas páginas do Evangelho. Anime-se desafiando a si mesmo a orar diligentemente para que o plano de Deus – o reino de Deus – seja lançado na Terra *agora*.

Na seção II, você encontrará centenas de orações e decretos que lhe ajudarão a manter sua mente e seu coração focados no plano de Deus. Use as palavras de Isaías quando você chamar a outros: "Do aumento deste principado e da paz não haverá fim, sobre o trono de Davi e no seu reino, para o firmar e o fortificar com juízo e com justiça, desde agora e para sempre; o zelo do Senhor dos Exércitos fará isto" (Is. 9:7).

SEÇÃO 1

ENTENDENDO O PLANO DE DEUS

Capítulo 1

O Plano de Deus para o Reino

O ESTABELECIMENTO DO reino de Deus inclui a restauração do tabernáculo de Davi (At. 15) com a chegada dos gentios na igreja. A justiça florescerá e a terra estará cheia do conhecimento do Senhor. Deus planeja realizar tudo isto por meio do Rei Messias, Seu Filho, Jesus Cristo.

Durante os tempos da Bíblia, os profetas viram a chegada do Reino como um momento de grande alegria e regozijo. Eles profetizaram que a alegria eterna estaria sobre a cabeça dos justos e que eles obteriam gozo e alegria (Is. 35:10; 51:11). Sião seria a alegria de muitas gerações (Is. 60:15). Aqueles que criam no Evangelho receberiam o óleo da alegria (Is. 61:1-3, NVI) e a alegria eterna (v. 7).

O Senhor daria regozijo para encher Jerusalém e o povo com alegria (Is. 65:19). Isto indica uma nova aliança com Jerusalém, a igreja (Hb. 12:22). As nações se alegrariam e regozijariam por causa do governo do Messias (Sl. 67:4). Monte de Sião (a igreja) regozija (Sl. 48:11).

Israel nunca experimentara a paz terrena por um período de tempo tão extenso. A paz que desejavam chegaria apenas com o Messias, e isto seria espiritual. A paz que precisavam estava escondida dos seus olhos, e foi profetizado que eles sofreriam uma invasão romana (Lc. 19:41-44). Eles procuravam a paz terrena e perderam a paz espiritual vinda de Cristo. *Paz* é a palavra hebraica *shalom*, que significa "prosperidade, saúde, plenitude".

Jesus é o Príncipe da Paz (Is. 9:6). O aumento de Seu principado e de Sua paz não tem fim (v. 7). O Evangelho é chamado *Evangelho da Paz* (Rm. 10:15). O cumprimento do plano de Deus começa a acontecer nas nações por causa da pregação do Evangelho. Hoje a pregação ainda está tomando lugar e, como fiéis, podemos conduzir o reino de Deus pelas nossas orações. Aqueles que pregam o Evangelho divulgam a paz, que é parte do plano de Deus para Seu reino (Is. 52:7; Na. 1:15). A nova aliança é a aliança de paz (Is. 54:10; Ez. 34:25; 37:26), e as orações dos fiéis cumprem o plano de Deus e expandem a Sua paz.

Os profetas falaram sobre a chegada do Reino em termos de paz. O Rei traria paz ao povo (Sl. 72:3), e na justiça haveria abundância de paz (v. 7). O Senhor ordenou paz para Seu povo (Is. 32:17). O Reino de paz chegaria por meio do sofrimento do Messias. O castigo que nos traz a paz estava sobre Ele (Is. 53:5). Somos guiados em paz (Is. 55:12). Deus estendeu a paz como um rio (Is. 66:12). Ele anunciaria a paz aos pagãos (Zc. 9:10).

Faz parte do plano de Deus que a justiça reine em Seu reino. O Antigo Testamento está cheio de referências à justiça do Reino. No Novo Testamento, aprendemos que somos feitos justiça de Deus em Cristo (2 Co. 5:21). Ele é nossa justiça (1 Co. 1:30). Israel não poderia alcançar a justiça por meio da Lei. A justiça vem por meio da fé e da nova aliança. Hoje, como fiéis em Cristo e em Sua justiça, vivemos no Reino. O cristão – o novo homem – é criado na justiça e na verdade da santidade (Ef. 4:24). Contudo, ainda não vivemos em um mundo cheio de paz e justiça. Ao fazermos estas orações, podemos esperar que a justiça, a paz e a alegria aumentem de geração para geração.

Capítulo 2

O Plano de Deus Abrirá as Comportas do Céu na Terra

A anunciação da proximidade do Reino foi a anunciação da chegada da justiça do Reino. Esta justiça viria por meio do Evangelho (Rm. 1:17). A justiça do Reino não poderia vir pela Lei, mas pela fé no Messias. O plano de Deus não terá lugar por meio das coisas mundanas (comida e bebida). Seu plano é para um reino espiritual, cheio da Sua justiça.

Os judeus procuraram por um reino terreno. Muitos deles perderam o Reino e a justiça que vêm pela fé no Evangelho. Hoje, muitas pessoas — incluindo cristãos — ainda não viram o cumprimento do plano de Deus porque procuram soluções terrenas para o reino espiritual. Devemos fortalecer nossa fé e orar diligentemente para que Seu plano seja desdobrado.

Os profetas falavam sobre a chegada da justiça do Reino. O Reino está conectado ao Evangelho (Is. 52:7). A justiça de Deus chegaria a Israel e às nações por meio do Evangelho. Muitos em Israel perderam o Reino porque não obedeceram ao Evangelho (Rm. 10:15-16). Eles não se submeteram ao Evangelho. Eles não se submeteram à justiça de Deus (v. 3). Eles se tornaram inimigos do Evangelho e, portanto, inimigos do Reino (Rm. 11:28; 1 Ts. 2:14-16).

Hoje, nós devemos orar seriamente para que a justiça chegue às nossas casas, nossas comunidades, nossa nação e ao mundo. Devemos orar para que a crescente desobediência aos planos e à vontade de Deus cesse. Devemos orar para que o povo se curve em obediência a Ele! Temos que orar para que a justiça de Deus chegue às nações e às casas das pessoas do mundo inteiro.

Aprendemos em Isaías 32:17 que a obra da justiça será demonstrada em paz (*shalom*) e que ela demonstrará repouso e segurança. Ao orarmos em repouso e segurança para que isto aconteça hoje, nossas orações incluirão estas características do plano de Deus:

- A justiça será manifestada (Is. 56:1);
- Os santos serão chamados de árvores de justiça (Is. 61:3);
- Justiça e louvor brotarão entre as nações (Is. 61:11);
- O Messias trará justiça eterna (Dn. 9:24);
- O novo homem – cristão – será criado em justiça (Ef. 4:24);
- A nova aliança ministrará justiça (2 Co. 3:9);
- O cetro do Reino será a justiça (Hb. 1:8);
- A justiça florescerá nos dias do Messias (o Reino – Sl. 72:7).

Quão maravilhoso será quando os planos de Deus permearem cada esquina deste mundo. A Bíblia nos diz que "todos os do teu povo serão justos; serão renovos por mim plantados" (Is. 60:21). Você consegue imaginar o tempo em que a América terá tantos fiéis justos "plantados" em todas as regiões e que a nação inteira seja conhecida pelo mundo de hoje como uma terra de justiça?

Infelizmente, hoje a América é conhecida pelo mundo inteiro como a nação que se desvia dos fundamentos da justiça. Em vez de a justiça encher nossas ruas, temos rebelião contra Deus, impiedade e pecado, que aterrorizam as pessoas. Se o povo da América — e das nações — deve ser reconhecido como plantações de Deus, devemos orar para que Ele tenha misericórdia de nossas rebeliões e pecados nos chamando ao arrependimento. A América precisa curvar-se aos fundamentos piedosos nos quais nasceu. Ao ler estas páginas, empenhe-se orando diligentemente para que o plano de Deus seja cumprido na América e em todo o mundo, para que então o plano e o reino de Deus sejam estabelecidos.

Nos tornaremos plantação do Senhor somente se colocarmos nossa fé e verdade no Evangelho (Is. 61:1-3). Um reino terreno requer a terra, mas um reino espiritual não. Devemos reconhecer que estamos orando por um reino espiritual. A Bíblia nos diz que Abraão não procurava por uma pátria terrena, mas por pátria celestial (Hb. 11:14-16). Devemos buscar uma América celestial hoje.

Faz parte do plano de Deus encher o mundo com justiça. O Antigo Testamento está cheio de referências sobre a justiça do

Reino. Somos feitos justiça de Deus em Cristo (2 Co. 5:21). Cristo é justiça (1 Co. 1:30). Israel não poderia alcançar a justiça por meio da Lei, pois ela vem por meio da fé e da nova aliança. Estamos agora vivendo no Reino e na nova aliança.

Ao orar, agradeça a Deus por Ele ter cumprido Seu plano por meio de Cristo, Seu Filho. Inclua as promessas seguintes em suas orações.

ORAÇÕES

Senhor, oramos: "Todos os que na terra são gordos comerão e adorarão, e todos os que descem ao pó se prostrarão perante ele; e nenhum poderá reter viva a sua alma. Chegarão e anunciarão a sua justiça ao povo que nascer, porquanto ele o fez" (Sl. 22:29, 31).

Senhor, que eu seja capaz de dizer: "Preguei a justiça na grande congregação; eis que não retive os meus lábios, SENHOR, tu o sabes. Não escondi a tua justiça dentro do meu coração; apregoei a tua fidelidade e a tua salvação. Não escondi da grande congregação a tua benignidade e a tua verdade" (Sl. 40:9-10).

Senhor, "os céus anunciarão a sua justiça; pois Deus mesmo é o Juiz" (Sl. 50:6).

Senhor, "bem tens conhecido a minha afronta, e a minha vergonha, e a minha confusão; diante de ti estão todos os meus adversários. Acrescenta iniquidade à iniquidade deles, e não entrem na tua justiça. Sejam riscados do livro dos vivos, e não sejam inscritos com os justos" (Sl. 69:19, 27-28).

Pai, "a minha boca manifestará a tua justiça e a tua salvação todo o dia, pois não conheço o número delas. Sairei na força do SENHOR DEUS, farei menção da tua justiça, e só dela" (Sl. 71:15-16).

"Também a tua justiça, ó Deus, está muito alta, pois fizeste grandes coisas. O Deus, quem é semelhante a ti?" (Sl. 71:19).

Pai, eu oro para que a oração de Salomão seja uma verdade entre as nações de hoje: "Deus, dá ao rei os teus juízos, e a tua justiça ao filho do rei. Ele julgará ao teu povo com justiça, e aos teus pobres com juízo. Os montes trarão paz ao povo, e os outeiros, justiça. Julgará os aflitos do povo, salvará os filhos do necessitado, e quebrantará o opressor. Temer-te-ão enquanto durarem o sol e a lua, de geração em geração. Ele descerá como chuva sobre a erva ceifada, como os chuveiros que umedecem a terra. Nos seus dias florescerá o justo, e abundância de paz haverá enquanto durar a lua. Dominará de mar a mar, e desde o rio até às extremidades da terra" (Sl. 72:1-8).

Senhor, minha oração subirá continuamente a Ti até que nossa nação seja o reflexo de Tua Palavra, que promete: "A misericórdia e a verdade se encontraram; a justiça e a paz se beijaram. A verdade brotará da terra, e a justiça olhará desde os céus. A justiça irá adiante dele, e nos porá no caminho das suas pisadas" (Sl. 85:10-11, 13).

Pai, "bem-aventurado o povo que conhece o som alegre; andará, ó SENHOR, na luz da tua face. Em teu nome se alegrará todo o dia, e na tua justiça se exaltará. Pois tu és a glória da sua força; e no teu favor será exaltado o nosso poder" (Sl. 89:15-17).

Pai, ouça nossas orações para as nações: "O SENHOR não rejeitará o seu povo, nem desamparará a sua herança. Mas o juízo voltará à retidão, e segui-lo-ão todos os retos de coração" (Sl. 94:14-15).

"O SENHOR reina; regozije-se a terra; alegrem-se as muitas ilhas. Os céus anunciam a sua justiça, e todos os povos veem a sua glória" (Sl. 97:1,6).

Senhor, eu oro a Ti porque Tua Palavra promete: "O SENHOR fez notória a sua salvação, manifestou a sua justiça perante os olhos dos gentios. Lembrou-se da sua benignidade e da sua verdade para com a casa de Israel; todas as extremidades da terra viram a salvação do nosso Deus" (Sl. 98:2-3).

Pai, eu oro a Ti porque "a misericórdia do SENHOR é desde a eternidade e até a eternidade sobre aqueles que o temem, e a sua justiça sobre os filhos dos filhos" (Sl. 103:17).

Senhor, com o salmista, eu declaro: "Louvai ao SENHOR. Louvarei ao SENHOR de todo o meu coração, na assembleia dos justos e na congregação. Grandes são as obras do SENHOR, procuradas por todos os que nelas tomam prazer. A sua obra tem glória e majestade, e a sua justiça permanece para sempre" (Sl. 111:1-3).

Pai, esta é a minha oração: "Abri-me as portas da justiça; entrarei por elas, e louvarei ao SENHOR. Esta é a porta do SENHOR, pela qual os justos entrarão. Louvar-te-ei, pois me escutas-te, e te fizeste a minha salvação" (Sl. 118:19-21).

Capítulo 3

O Plano de Deus é Revelado pelo Evangelho

O Reino é um mistério. A união do judeu e do gentio na igreja é um mistério (Ef. 3:1-6). É dado a nós saber sobre o mistério do Reino (Mc. 4:11). O plano de Deus era estabelecer Seu reino por meio da igreja; quando isto estivesse feito, o céu seria lançado na terra. A igreja fez os principados e potestades conhecerem a multiforme sabedoria de Deus (Ef. 3:10). O Reino era o eterno propósito de Deus em Cristo (v. 11).

Jesus Cristo (o ungido) é a chave para o cumprimento destas promessas do Reino. Jesus foi ungido para trazer a mensagem do Reino e estabelecê-lo. Estamos agora vivendo nos dias do Rei Messias. Podemos desfrutar das bênçãos do Reino e orar para que este avance. O aumento de Seu governo (Reino) e paz (*shalom*) não terá fim. O Reino é de geração para geração. Nossas orações e decretos ajudarão a promovê-lo em nossa geração e a preparar o caminho para as que virão.

O reino de Deus está ligado ao Evangelho. Pregar o Evangelho é pregar o Reino. Quando estava na terra, Jesus proclamou: "O tempo está cumprido, e o reino de Deus está próximo. Arrependei-vos, e crede no evangelho" (Mc. 1:15).

O Evangelho é a declaração do reino de Deus:

> Quão formosos são, sobre os montes,
> os pés do que anuncia as boas novas,
> que faz ouvir a paz,
> do que anuncia o bem,
> que faz ouvir a salvação,
> do que diz a Sião:
> "O teu Deus reina!"
>
> — Isaías 52:7

Faz parte do plano de Deus reinar sobre o pagão com a pregação do Evangelho. "Deus reina sobre os gentios; Deus se assenta sobre o trono da sua santidade" (Sl. 47:8). O reinado de Deus é celestial, espiritual sobre as nações. Não é um reinado físico ou geográfico. Não há substituto para a pregação do Evangelho.

O Evangelho do Reino é um evangelho de paz. Seus inimigos são inimigos do Reino. E também são inimigos da paz. Mas

Deus proclamou: "Quão formosos os pés dos que anunciam o evangelho da paz; dos que trazem alegres novas de boas coisas [Quão bem recebidos são aqueles que pregam as boas novas de Suas benfeitorias!]" (Rm. 10:15).

O Evangelho do Reino é também o Evangelho de Cristo. Pregar Cristo é pregar o Reino. Submeter-se a Cristo é submeter-se ao Reino. O evangelho foi pregado por Abraão. Por meio de sua semente, todas as famílias da terra foram abençoadas. Este é o cumprimento por Cristo e pelo Evangelho. E hoje, o plano de Deus é justificar as nações pela fé em Cristo.

> Tendo a Escritura previsto que Deus havia de justificar pela fé os gentios, anunciou primeiro o evangelho a Abraão, dizendo: "Todas as nações serão benditas em ti".
>
> — Gálatas, 3:8

O Reino é um mistério, assim como o é o Evangelho. Quando oramos para que os mistérios de Deus sejam revelados, estamos orando para que o mistério do Reino seja revelado. O apóstolo Paulo orou:

> E por mim; para que me seja dada, no abrir da minha boca, a palavra com confiança, para fazer notório o mistério do evangelho.
>
> — Efésios 6:19

O plano de Deus – o reino de Deus, a abertura das comportas do céu na terra – é revelado pelo Evangelho:

> Àquele que é poderoso para vos confirmar segundo o meu evangelho e a pregação de Jesus Cristo, conforme a revelação do mistério que desde tempos eternos esteve oculto, mas que se manifestou agora, e se notificou pelas Escrituras dos profetas, segundo o mandamento do Deus eterno, a todas as nações para obediência da fé.
>
> — Romanos 16:25-26

Oramos para que a palavra do Senhor tenha livre curso. Esta é a oração para que o Reino avance.

> No demais, irmãos, rogai por nós, para que a palavra do Senhor tenha livre curso e seja glorificada, como também o é entre vós.
>
> — 2 Tessalonicenses 3:1

Capítulo 4

O Plano de Deus para os Gentios

Faz parte do plano de Deus ter domínio sobre os Gentios. "Dominará de mar a mar, e desde o rio até às extremidades da terra" (Sl. 72:8).

Israel tinha a promessa de que as nações se subjugariam. "Porque o Senhor Altíssimo é tremendo, e Rei grande sobre toda a terra. Ele nos subjugará os povos e as nações debaixo dos nossos pés" (Sl. 47:2-3). Este plano deveria acontecer com a chegada do Messias. Muitos em Israel viram esta promessa como um domínio físico sobre os gentios. O domínio dos gentios por meio de Cristo estava sendo cumprido no primeiro século (Rm. 15:8-12). Ele estava se cumprindo por meio de Cristo e da igreja. Os gentios estavam buscando o tabernáculo de Davi (At. 15:15-17). O tabernáculo de Davi era domínio de Cristo, o filho de Davi. Não há, no entanto, dominação física de Israel sobre os gentios. O Reino não é físico, mas espiritual.

As nações foram subjugadas por meio do poder do Evangelho. O Evangelho era primeiramente para o judeu. As nações foram salvas pelo Messias judeu. O domínio era espiritual. As nações se colocavam sob o reinado de Cristo cumprindo Isaías 11:10. A glória de Israel seria a salvação dos gentios (Is. 60).

Muitos em Israel perderam esta glória porque esperavam um reino terreno ao invés de um reino celestial. Em vez de regozijarem na salvação das nações, muitos se opuseram ao Evangelho. As nações estavam se subjugando a Israel por meio de seu Messias, mas muitos não perceberam isto porque procuravam por um reino com aparência exterior (Lc. 17:20-21). Os gentios se subjugavam ao Reino por meio do Evangelho.

Israel nunca subjugou seus inimigos, por nenhum período de tempo. Eles geralmente estavam sob o domínio dos gentios. Conquistas militares não eram o cumprimento das promessas de domínio. Cristo subjugaria as nações por meio do Evangelho da paz. O Reino não avançou pela espada, mas pela pregação.

Cristo subjugou os inimigos do Reino, e há referências sobre guerra no Livro de Apocalipse. Os inimigos do Reino foram a geração do século primeiro, que se opôs ao Evangelho e perseguiu a igreja. Cristo subjugou as nações por meio do Evangelho, e subjugou Seus inimigos por meio do juízo.

As seguintes promessas da antiga aliança são cumprimentos em Cristo:

> Todos os limites da terra se lembrarão,
> E se converterão ao Senhor;
> E todas as famílias das nações

Adorarão perante a tua face.
Porque o reino é do Senhor,
E ele domina entre as nações.

— Salmos 22:27-28

Louvar-te-ei, Senhor, entre os povos;
eu te cantarei entre as nações.

— Salmos 57:9

Para que se conheça na terra o teu caminho,
e entre todas as nações a tua salvação.

— Salmos 67:2

Alegrem-se e regozijem-se as nações,
pois julgarás os povos com equidade,
e governarás as nações sobre a terra.

— Salmos 67:4

E todos os reis se prostrarão perante ele;
todas as nações o servirão.

— Salmos 72:11

O seu nome permanecerá eternamente; o seu nome se irá propagando de pais a filhos enquanto o sol durar, e os homens serão abençoados nele; todas as nações lhe chamarão bem-aventurado.

— Salmos 72:17

> Levanta-te, ó Deus, julga a terra, pois tu possuis todas as nações.
>
> — Salmos 82:8

> Todas as nações que fizeste virão e se prostrarão perante a tua face, Senhor, e glorificarão o teu nome.
>
> — Salmos 86:9

> Louvar-te-ei entre os povos, Senhor, e a ti cantarei louvores entre as nações.
>
> — Salmos 108:3

> Louvai ao Senhor todas as nações, louvai-o todos os povos.
>
> — Salmos 117:1

Estas escrituras nunca poderiam ser completamente cumpridas sob a antiga aliança. Os pagãos (nações) estavam nas trevas. Eles eram "estranhos às alianças da promessa, não tendo esperança, e sem Deus no mundo" (Ef. 2:12). Estas escrituras podem ser cumpridas em Cristo, por meio da igreja, sob a nova aliança, na presente era do Reino.

O louvor e a adoração entre as nações manifestam o Reino. Os gentios glorificariam a Deus por Sua misericórdia.

> E para que os gentios glorifiquem a Deus pela sua misericórdia, como está escrito:

"Portanto eu te louvarei
entre os gentios,
E cantarei ao teu nome.

E outra vez diz:
Alegrai-vos, gentios, com o seu povo.

E outra vez:
Louvai ao Senhor, todos os gentios,
E celebrai-o todos os povos.

Outra vez diz Isaías:
Uma raiz em Jessé haverá,
E naquele que se levantar para reger os
gentios,
Os gentios esperarão".

— Romanos 15:9-12

Paulo cita Salmos 117 e Isaías 11 como cumprimentos de Cristo e da Igreja. A misericórdia de Deus em Israel, por meio de Cristo, resultou na salvação dos gentios (nações). O Evangelho veio primeiramente para o judeu. Muitos judeus responderam e foram salvos. Os gentios responderam ao Evangelho e ambos foram feitos um em Cristo. A adoração não mais está ligada à Jerusalém, mas é feita em Espírito e em verdade (Jo. 4:21-24).

O espírito do Senhor Deus está sobre mim; porque o Senhor me ungiu, para pregar boas novas aos mansos; enviou-me a restaurar os contritos de coração, a proclamar liberdade aos cativos, e a abertura de prisão aos presos. A apregoar o ano aceitável do Senhor e o dia da vingança do nosso Deus; a consolar todos os tristes. A ordenar acerca dos tristes de Sião que se lhes dê glória em vez de cinza, óleo de gozo em vez de tristeza, vestes de louvor em vez de espírito angustiado; a fim de que se chamem árvores de justiça, plantações do Senhor, para que ele seja glorificado.

— Isaías 61:1-3

Eis aqui o meu servo, a quem sustenho, o meu eleito, em quem se apraz a minha alma; pus o meu espírito sobre ele; ele trará justiça aos gentios. Não clamará, não se exaltará, nem fará ouvir a sua voz na praça. A cana trilhada não quebrará, nem apagará o pavio que fumega; com verdade trará justiça. Não faltará, nem será quebrantado, até que ponha na terra a justiça; e as ilhas aguardarão a sua lei.

— Isaías 42:1-4

O Reino não é um reino de aparência exterior (Lc. 17:20). Muitos em Israel buscavam um reino terreno. Eles se decepcionaram e rejeitaram Cristo porque Ele não era um rei terreno. Jesus disse que Seu reino não era deste mundo. "O reino não é comida e bebida, mas justiça, paz, e alegria no Espírito Santo" (Rm. 14:17). O Reino é espiritual e celestial.

Jesus disse a Nicodemos que ele deveria nascer de novo para ver o Reino (Jo. 3:3). Em outras palavras, a entrada no Reino não é pelo nascimento físico ou genealógico. A descendência física de Abraão não é nenhum critério para a entrada no Reino. O Reino é espiritual, e só se pode entrar nele pelo nascimento espiritual.

A língua dos profetas é poética e figurativa. Céus, terra, mares, árvores e ondas são ordenados a louvar o Senhor. São palavras figurativas usadas para descrever nações e povos. Deus usa símbolos e figuras naturais para descrever realidades espirituais. Os símbolos e modelos da antiga aliança são realidades de hoje em dia para os que acreditam na nova aliança. Justiça, paz e alegria no Reino são encontradas em Cristo e na Igreja.

O reino de Deus está entre nós (Lc. 17:21). O Reino é Cristo em nós. Não se pode separar Cristo e o Reino. Ezequiel viu um rio fluindo do templo, e fora dos nossos ventres correm rios de água da vida. O Reino é como um rio; ele flui de Sião às nações. Para onde quer que vá, o rio traz a cura (Ez. 47).

Um problema que temos em entender "o reino de Deus" é que pensamos em um reino como um pedaço de terra com limites estabelecidos. Pensamos em um lugar. Mas, nos tempos remotos, o *reino* de um rei se estendia para todos os lugares onde pudesse exercer poder. Não havia limites fixos. Os limites eram fluidos e mudavam continuamente. O povo, entretanto, pensava em termos de domínio real. O *reino* era uma esfera na qual cada regente dominava, independentemente de limites.

Era similar aos chefes beduínos, que são *reis* de um povo que viaja pelo deserto, independentemente de qual deserto estejam. Aonde quer que vá, e aonde quer que exerça poder, ele é rei. Portanto, se este homem lhe cercar no deserto em que ele está, você está sob o domínio do *reino* dele. E, no próximo ano, ou no próximo mês, é possível que aquele mesmo local esteja sob o domínio do chefe beduíno de outra tribo, enquanto seu rei está cem milhas depois de você carregando o *reino* com ele. Eles comandam as pessoas, e não a terra. A palavra *basileia*, portanto, significa "domínio real" em vez de "reino" e aponta para o sentido de submissão a um rei. ★

O reino de Deus é evidente quando as nações vêm para Sião e adoram. Não fomos à Sião terrena, mas à Sião celestial. Os livros dos profetas estão cheios de referências às nações (pagãos) que vêm para adorar. Esta não é uma nação geográfica ou política, mas grupos de pessoas sendo salvas e adorando. Isto acontece desde os dois últimos milênios, e também acontece hoje.

> Mas chegastes ao monte Sião, e à cidade do Deus vivo, à Jerusalém celestial, e aos muitos milhares de anjos;
>
> — Hebreus 12:22

★ Angelfire.com, "The Kingdom of God in the New Testament", http://www.angelfire.com/planet/lifetruth/kingdomnew.html (acessado em 26 de março de 2010).

Chegamos a Sião; estamos orando para que outros cheguem agora e para que outras gerações também cheguem. O Reino não é geográfico (físico), mas é evidente que, aonde quer que o homem esteja, ele pode submeter seu coração ao domínio do rei. E, feito isto, as comportas do céu serão abertas na Terra.

Seção 2

Orações e Decretos que Abrem as Comportas do Céu na Terra

Senhor, Teu cetro de liderança vem de Judá, e quando Tu vens e revela-Te como Messias, as nações se congregam em obediência a Ti (Gn. 49:10).

Senhor, Teu reino é maior do que Agague (o reino dos gentios), e é exaltado sobre todos os outros (Nm. 24:7).

Senhor, Tu és a Estrela de Jacó e Tu feriste os moabitas (inimigos simbólicos de Cristo e de Sua igreja) e destruíste os filhos de Sete (filhos de Moabe) (Nm. 24:17).

Senhor, Tu foste colocado sobre o santo monte Sião, e Tu reinarás em meio aos Teus inimigos (Sl. 2:6; 110:2).

Senhor, as nações são Tua herança, e os confins da terra sua possessão (Sl. 2:8).

Quebre as nações com Tua vara de ferro (Sl. 2:9).

Que os reis e juízes da terra sejam salvos e sirvam ao Senhor com reverente temor e adoração, e regozijem com tremor (Sl. 2:10-11).

Eu me deitarei e dormirei, pois Tu, Senhor, tens me sustentado (Sl. 3:5).

Senhor, Tua bênção é sobre minha vida (Sl. 3:8).

Que as nações ofereçam sacrifícios de justiça e confiem no Senhor (Sl. 4:5).

Eu me deitarei e dormirei em paz, pois só Tu, Ó Senhor, me fazes habitar em segurança (Sl. 4:8).

Atenda a voz de meu clamor, meu Rei e meu Deus, pois a Ti orarei (Sl. 5:2).

Atenda minha voz pela manhã, Ó Senhor; pela manhã me apresentarei a Ti, e vigiarei (Sl. 5:3).

Por Tua grande misericórdia, venho à Tua casa, Senhor, e sou cheio de benignidades conforme me prostro à adoração em Teu santo templo (Sl. 5:7).

Guia-me, Ó Senhor, em Tua justiça, por causa de meus inimigos; endireita o Teu caminho diante de minha face (Sl. 5:8).

Senhor, Tu me abençoaste, e circundas minha vida com auxílio (Sl. 5:12).

O Senhor ouviu minhas súplicas; o Senhor aceitará minha oração (Sl. 6:9).

Minha defesa é Deus, que salva o justo de coração (Sl. 7:10).

Senhor, Tu nos deixas dominar toda obra de Tuas mãos. E colocaste tudo sob Teu poder – a ovelha e o gado, e todo animal do campo, os pássaros do céu. Os peixes do mar, e todas as criaturas do oceano. Nosso Senhor, Teu nome é maravilhoso sobre toda a terra! (Sl. 8:6-9).

Senhor, Tu perdurarás para sempre, e preparaste Teu trono para o juízo (Sl. 9:7).

Eu habito em Sião: cantarei louvores para o Senhor e declararei Teus feitos para os povos (Sl. 9:11).

Uma vez que me salvastes das portas da morte, cantarei todos os teus louvores nas portas da filha de Sião, e me alegrarei na Tua salvação (Sl. 9:13-14).

Coloque-os no temor, Ó Senhor, para que as nações saibam que são formadas por meros homens (Sl. 9:20).

Levanta-Te, Ó Senhor! Ó Deus, erga Tua mão! Não Te esqueças dos humildes (Sl. 10:12).

Nosso Senhor, Tu sempre dominas, mas as nações perecerão da terra (Sl. 10:16).

Tu és bom para mim, Senhor, e cantarei a Ti (Sl. 13:6).

Senhor, Tua salvação vem de Sião, e Tu fizeste voltar os cativos de Teu povo; regozijarei e me alegrarei (Sl. 14:7).

Permanecerei em Teu tabernáculo, habitarei em Teu monte santo e nunca serei abalado (Sl. 15:1, 5).

Tu, Senhor, és tudo que quero! Tu és minha escolha, e me manténs a salvo. Tu fazes minha vida agradável, e meu futuro é brilhante (Sl. 16:5-6, NTLH).

Tu me fazes ver a vereda da vida; Tu me enches de alegria em Tua presença com agrados eternos em Tua mão direita (Sl. 16:11).

Senhor, que meus passos estejam sempre em Teus caminhos [nas veredas daquele que passou por eles antes]; e minhas pegadas não vacilarão (Sl. 17:5).

Guarde-me como à menina do olho; esconda-me na sombra de Tuas asas (Sl. 17:8).

Senhor, Tu prometeste acender minha candeia e iluminar minha escuridão (Sl. 18:28).

Senhor, por Teu poder, posso avançar contra meus inimigos e saltar muralhas para guardar-me (Sl. 18:29).

Senhor, Tu me revestes de força e fazes meus caminhos perfeitos (Sl. 18:32, NVI).

Senhor, Tu me dás o escudo da vitória, e Tua mão direita me sustém; desces até mim para me exaltar-me (Sl. 18:35 NVI).

Senhor, alargue o caminho para que meus pés não tropecem (Sl. 18:36).

Submeta os estrangeiros a Ti para que eles Te ouçam (Sl. 18:44).

Senhor, os céus declaram a Tua glória e o firmamento proclama a obra das Tuas mãos. Tua voz ressoa em toda a terra, e Tuas palavras até o fim do mundo (Sl. 19:1; Rm. 10:18).

Salve, Senhor. Tu és o Rei. Ouça-me quando eu clamar (Sl. 20:9).

Mostre a Tua força, Senhor, para que eu possa cantar e louvar Teu poder (Sl. 21:13).

Senhor, Tu habitas em meu louvor; Tu és santo (Sl. 22:3).

Senhor, todos nesta terra se lembrarão de Ti. Pessoas de todo o mundo se voltarão e Te adorarão, porque Tu estás no controle. És quem governa todas as nações (Sl. 22:27-28, NVI).

Seguramente, a benevolência e a misericórdia devem seguir-me todos os dias de minha vida, e habitarei para sempre na casa do Senhor (Sl. 23:6).

Senhor, as portas da eternidade se abriram para Ti, e Tu és o Rei da glória (Sl. 24:7-10).

Mostre-me Teus caminhos, Ó Senhor; ensina-me Tuas veredas. Guia-me em Tua verdade e ensina--me, pois Tu és o Deus da minha salvação; espero em Ti todo o dia (Sl. 25:4-5).

Senhor, Tu guias o humilde em justiça e o ensinas Teu caminho (Sl. 25:9).

Senhor, por meu temor em Ti, Tu revelarás Teu segredo para mim e me mostrarás Tua aliança (Sl. 25:14).

Senhor, Tu és minha luz e minha salvação; a quem devo temer? Tu és a força de minha vida; de quem devo ter medo? (Sl. 27:1).

Uma coisa pedi ao Senhor, e buscarei: que eu possa habitar em Sua casa todos os dias de minha vida, para contemplar a Sua beleza e inquirir no Seu templo (Sl. 27:4).

Senhor, Tu és minha força e meu escudo; meu coração crê em Ti, e sou ajudado; portanto, meu coração se regozija, e com minha canção louvarei a Ti (Sl. 28:7).

Senhor, Tua voz é poderosa e cheia de majestade (Sl. 29:4).

Senhor, o trovão de Tua voz pode despedaçar cedros (Sl. 29:5).

Tua voz rompe os céus com raios flamejantes (Sl. 29:7, NVI).

Senhor, Tua voz faz os desertos tremerem (Sl. 29:8).

A voz do Senhor faz parir as cervas antes do tempo (Sl. 29:9).

Tu transformaste minha tristeza em folguedo; tiraste meu pano de saco e me vestiste com alegria (Sl. 30:11).

Abençoado seja o Senhor, pois mostrou-me Sua maravilhosa ternura em uma cidade segura [Sião]! (Sl. 31:21).

Minha transgressão é perdoada e meu pecado é encoberto. Sou abençoado, meu pecado não é imputado a mim, e não há engano em minha vida (Sl. 32:1-2).

Senhor, cerca-me com canções de livramento (Sl. 32:7).

Que todos da terra temam o Senhor; que todos os habitantes do mundo permaneçam no temor a Ele (Sl. 33:8).

Abençoada é a nação cujo Deus é o Senhor, e o povo que Ele escolheu como Sua herança. Sou abençoado, e sou parte da santa nação [a igreja] (Sl. 33:12; 1 Pe. 2:9).

Ponho minha confiança sob a sombra de Tuas asas. Serei abundantemente satisfeito com a plenitude de Tua casa, e Tu me darás bebida do rio de Tuas delícias. Contigo está o manancial de vida, e em Tua luz, verei luz (Sl. 36:7-9).

Eu me deleito no Senhor e Ele concede os desejos de meu coração (Sl. 37:4).

Eu herdo a terra e me deleito na abundância da paz [*shalom*] (Sl. 37:11).

Que eu não seja envergonhado nos dias maus, e me satisfaça nos dias de fome (Sl. 37:19).

Esperarei em Ti, Senhor, e me manterei em Teu caminho; que eu seja exaltado para herdar a terra (Sl. 37:34).

Senhor, coloque uma nova canção em minha boca, um louvor a Ti, pois muitos verão e temerão, e acreditarão no Senhor (Sl. 40:3).

Eu irei com Teu povo até a casa de Deus com a voz da alegria e do louvor; me alegrarei com eles para festejar (Sl. 42:4).

Ó, envie a Tua luz e a Tua verdade. Deixe elas levarem a mim Teu santo monte e Teus tabernáculos (Sl. 43:3).

Eu adorarei em Teu altar porque tu me fazes alegre. Tu és meu Deus, e eu Te louvarei. Sim, eu Te louvarei com o toque da minha harpa (Sl. 43:4).

Teu trono, Ó Deus, é eterno; o cetro da justiça é o cetro de Teu reino. Que o cetro de Teu reino seja estendido pelas nações (Sl. 45:6).

Há um rio cujos córregos alegram as cidades de Deus, o santuário da morada do Altíssimo (Sl. 46:4).

Que as nações saibam que Tu és Deus; seja exaltado entre as nações, e seja exaltado na terra (Sl. 46:10).

Pois o Altíssimo é maravilhoso; Ele é o grande Rei de toda a terra. Ele subjuga os povos e as nações sob nossos pés (Sl. 47:2-3).

Que eu receba a herança que Tu escolheste para mim, a glória e o orgulho de Jacó, a quem Tu amaste (Sl. 47:4).

Cantarei louvores a Ti, Ó Senhor, meu rei. Tu és o rei de tudo que há na terra (Sl. 47:7).

Senhor, Tu reinas sobre as nações; Tu te assentas no trono da santidade (Sl. 47:8).

Que os nobres das nações se unam como o povo do Deus de Abraão, pois os reis da terra pertencem a Ti (Sl. 47:9).

Senhor, Tu és grande e digno de louvor em Sião [a igreja], a cidade de Deus, a montanha de Tua santidade (Sl. 48:1).

Edifique Sião para sempre (Sl. 48:8).

Regozije o Monte Sião, alegrem-se as filhas de Judá por causa de Teus juízos (Sl. 48:11).

Senhor, que as pessoas, todos os habitantes do mundo, inclinem os ouvidos à Tua sabedoria. Faça-os ouvir e entender Tuas parábolas do Reino (Sl. 49:1-4).

Senhor, fale e resgate a terra, desde o nascimento do sol até seu ocaso; desde Sião, a perfeição de Tua beleza brilha (Sl. 50:1-2).

Ó Senhor, abra meus lábios e minha boca anunciará Teu louvor (Sl. 51:15).

Faça de Sião [a igreja] o lugar onde Tu te deleitas; edifica os muros desmoronados de Jerusalém (Sl. 51:18).

Mas eu sou uma oliveira verde na casa de Deus; confiarei na misericórdia de Deus para sempre (Sl. 52:8).

Ó Senhor, Tua salvação veio de Sião e Tu trouxeste de volta os cativos de Teu povo; regozijarei e me alegrarei (Sl. 53:6).

Sacrificar-me-ei livremente a Ti; louvarei Teu nome, Ó Senhor, pois é bom (Sl. 54:6).

Lanço meus cuidados em Ti, Senhor, e Tu me sustentarás; Tu nunca permitirás que eu seja abalado (Sl. 55:22).

Em Deus estão as palavras que eu louvo, no Senhor estão as palavras que eu louvo – em Deus eu creio; não terei medo. O que o homem pode fazer a mim? (Sl. 56:10-11, NVI).

Eu louvarei a Ti, Ó Senhor, entre os povos; cantarei a Ti entre as nações. Pois Tua misericórdia atinge os céus, e Tua verdade, as nuvens (Ps. 57:9-10).

Seja exaltado, Ó Deus, até os céus; que a Tua glória seja sobre a terra (Sl. 57:11).

Cantarei Teu poder, e cantarei alto a Tua misericórdia, pois Tu és minha defesa e refúgio nos dias de tribulação (Sl. 59:16).

Senhor, me dê Teu estandarte, e que ele seja arvoado por causa da verdade (Sl. 60:4).

Em Deus farei proezas, pois é Ele quem pisará em meus inimigos (Sl. 60:12).

Habitarei em Teu tabernáculo para sempre; confiarei no abrigo de Tuas asas (Sl. 61:4).

Senhor, lance Teu poder, pois o poder pertence a Ti (Sl. 62:11).

Senhor, eu Te vi no santuário; deixe-me ver Teu poder e Tua glória (Sl. 63:2).

Senhor, minha alma se satisfaz com a mais farta refeição; minha boca Te louvará com alegres lábios (Sl. 63:5).

Esconda-me das tramas secretas do ímpio e da rebelião dos que praticam iniquidade (Sl. 64:2).

Que toda carne vá a Ti, pois Tu ouves orações (Sl. 65:2).

Traga Teus escolhidos para viverem perto de Teus átrios! Encha-os com bondades da Tua casa (Sl. 65:4).

Responda-me com maravilhosas ações em justiça (Sl. 65:5).

Acalme o ruído dos mares, de suas ondas e o tumulto das nações (Sl. 65:7).

Cuides da terra e refresque-a. Enriqueça-a abundantemente com o rio de Deus, que está cheio de água para prover trigo ao povo. Enchas de água os seus sulcos; amoleça-a com a muita chuva e abençoa as suas colheitas (Sl. 65:9-10).

Coroe o ano com Tua bondade, e faça a abundância destilar Tuas veredas; destilam nos pastos do deserto, e os pequenos montes regozijarão por todos os lados (Sl. 65:11-12).

Cubra as pastagens com rebanhos, e os vales também serão cobertos com trigo; e eles se alegram e cantam (Sl. 65:13).

Celebre com alegria a Deus, todas as terras (Sl. 66:1).

Cante a honra de Teu nome; dê glória ao Teu louvor (Sl. 66:2).

Quão maravilhosas são Tuas obras! Pela grandeza de Teu poder Teus inimigos se submeterão a Ti (Sl. 66:3).

Que todos da terra Te adorem e cantem a Ti; eles cantarão louvores em Teu nome (Sl. 66:4).

Senhor, domine por Teu poder eternamente e observe com Teus olhos as nações; não deixe os rebeldes exaltarem a si mesmos (Sl. 66:7).

Senhor, leve-me a um lugar de fartura (Sl. 66:12).

Que Deus se levante e Seus inimigos sejam dissipados; fujam diante dele aqueles que O odeiam (Sl. 68:1).

Serei feliz, regozijarei diante do meu Deus e folgarei em alegria (Sl. 68:3).

Que as nações cantem a Deus: "Nosso Deus, Tu és Aquele que vai montado sobre os céus, e louvamos a Ti, pois Teu nome é o Senhor, e exultamos e adoramos diante de Ti" (Sl. 68:4).

Senhor, dê família aos solitários e guie os prisioneiros com canções; mas que os rebeldes vivam em terra seca (Sl. 68:6).

A terra treme, os céus se derramam [com chuva] na presença do Senhor. Tu, Ó Deus, mandaste chuva abundante; Tu restauraste e confortaste Tua herança quando estava cansada (Sl. 68:8-9).

Senhor, dê a palavra e deixe um grande exército anunciá-la (Sl. 68:11).

Cantem a Deus, reinos da terra; cantem louvores ao Senhor (Sl. 68:32).

Tu salvaste Sião e edificaste as cidades de Judá [louvor]. Habitarei em Sião e a possuirei (Sl. 69:35).

Eu herdo Sião; habito em Sião porque eu amo o Teu nome (Sl. 69:36).

Em Ti, Senhor, eu confio; não me deixe nunca ser envergonhado (Sl. 71:1).

Tornei-me prodígio para muitos, mas Tu és meu refúgio forte (Sl. 71:7).

Irei na força do Senhor Deus; farei menção à Sua justiça, somente a ela (Sl. 71:16).

Senhor, aumenta minha grandeza e conforta-me de todos os lados (Sl. 71:21).

Que os montes tragam paz [*shalom*] para o povo, e os outeiros, [o estabelecimento geral], justiça (Sl. 72:3).

Senhor, traga justiça ao pobre; salve os filhos dos necessitados e quebre o opressor em pedaços (Sl. 72:4).

Que as nações temam a Ti até que o sol e a lua durem, por todas as gerações (Sl. 72:5).

Senhor, desça como chuva sobre a erva ceifada, como chuveiros que molham a terra (Sl. 72:6).

Senhor, eu vivo nos dias do Reino; que a justiça floresça e que haja abundância de paz [*shalom*] enquanto a lua durar (Sl. 72:7).

Que Teu domínio seja de mar a mar, e desde o rio até os fins da terra (Sl. 72:8).

Que os que habitam o deserto inclinem-se a Ti, Senhor, e que Teus inimigos lambam pó (Sl. 72:9).

Que os reis de Társis e Sabá ofereçam presentes (Sl. 72:10).

Que todos os reis inclinem-se e todas as nações sirvam a Ti (Sl. 72:11).

Senhor, livra o necessitado quando ele chorar e o pobre quando não tiver nenhum ajudador. Compadecer-se-á do pobre e do necessitado, e compadecer-se-á de suas almas (Sl. 72:12-13).

Teu nome durará para sempre, e perdurará assim como o sol. Os homens serão abençoados em Ti, e todas as nações Te chamarão abençoado (Sl. 72:17).

Abençoado seja Teu glorioso nome para sempre! Que toda a terra se encha com Tua glória (Sl. 72:19).

Esmague as cabeças de Leviatã e o sirva como comida para as criaturas que habitam o deserto (Sl. 74: 14).

Quebre as forças do ímpio e exalte as forças da justiça (Sl. 75:10).

Ceife os espíritos [de orgulho e fúria] dos príncipes; Tu és terrível para os [ímpios] reis da terra (Sl. 76:12).

Que o gemido dos prisioneiros venha diante de Ti; e, com a grandeza de Teu poder, preserve os que estão condenados à morte (Sl. 79:11).

Os inimigos do Senhor teriam se sujeitado, e seu tempo seria eterno (Sl. 81:15).

Que os homens saibam que Tu, cujo nome é Jeová, és o Altíssimo de toda a terra (Sl. 83:18).

Irei de força em força, e aparecerei diante de Ti, Senhor, em Sião (Sl. 84:7).

Senhor, Tu és sol e escudo; Tu dás graça e glória; nenhum bem será retirado dos que andam na retidão (Sl. 84:11).

Senhor, Tu és favorável a mim e trouxeste de volta meu cativeiro; Tu perdoaste minhas iniquidades e encobriste meus pecados (Sl. 85:1-2).

Que a verdade brote da terra e a justiça caia do céu (Sl. 85;11).

Que todas as nações virem e adorem a Ti, Ó Senhor, e que glorifiquem Teu nome (Sl. 86:9).

Mostre que me aprovaste! Para que meus inimigos se sintam tolos, porque Tu me ajudaste e me confortaste (Sl. 86:17).

Senhor, Tu amas as portas de Sião [a igreja], e coisas gloriosas são faladas dela, a cidade de Deus (Sl. 87:2-3).

Senhor, sou nascido em Sião; que ela se estabeleça em toda a terra (Sl. 87:5).

Tu me satisfará com vida longa e me mostrará a Tua salvação (Sl. 91:16).

Meu chifre (emblema da força excessiva e da graça majestosa) foi exaltado por Ti como o de um boi selvagem; sou ungido com óleo fresco (Sl. 92:10).

Florescerei como a palmeira e crescerei como o cedro no Líbano (Sl. 92:12).

Sou plantado na casa do Senhor e floresço nos átrios do meu Deus (Sl. 92:13).

Eu sou [crescido na graça] e darei frutos vistosos na velhice; serei cheio de seiva [do espírito de vitalidade] e [rico no] verdor [da verdade, do amor e do contentamento] (Sl. 92:14).

O Senhor reina e está vestido de majestade; o Senhor se revestiu de força e poder; o mundo também se estabeleceu, e não pode ser abalado (Sl. 93:1).

Senhor, subjugue as enchentes que se levantam, pois Tu és mais poderoso do que o ruído das águas (Sl. 93:3-4).

Cantarei ao Senhor uma nova canção. Que a terra cante ao Senhor (Sl. 96:1).

Proclamarei as boas novas de Tua salvação a cada dia (Sl. 96:2).

Declararei a Tua glória entre as nações e Tuas maravilhas entre todos os povos (Sl. 96:3).

Que as famílias dos povos deem ao Senhor glória e força. Que elas deem ao Senhor a glória de Seu nome; que tragam uma oferta e entrem em Seus átrios (Sl. 96:7-8).

Que as nações adorem ao Senhor na beleza da santidade e temam diante dele (Sl. 96:9).

Que a terra se estabeleça firmemente e as nações digam: "O Senhor reina" (Sl. 96:10).

Que os céus regozijem e a terra se alegre; que os mares bramem, e tudo o que está neles (Sl. 96:11).

Alegrem-se os campos e tudo que há neles. Depois, todas as árvores da floresta cantarão de alegria (Sl. 96:12).

Senhor, Tu reinas. A terra regozija; a multidão das ilhas se alegra (Sl. 97:1).

Os céus declaram Tua justiça, e todos os povos veem Tua glória (Sl. 97:6).

Cantarei a Ti uma nova canção, pois Tu fazes maravilhas (Sl. 98:1).

Senhor, faça saber a Tua salvação e revele a Tua justiça para as nações (Sl. 98:2).

Exulte de alegria para o Senhor, toda a terra; exclame a canção do júbilo com louvores (Sl. 98:4).

Que o mar brame, e tudo o que há nele; o mundo, e todos que nele vivem (Sl. 98:7).

Que os rios batam palmas e as montanhas cantem juntas de alegria; que elas cantem diante do Senhor (Sl. 98:8-9).

Senhor, Tu reinas; que as pessoas tremam, pois Tu és grande em Sião (Sl. 99:1-2).

Senhor, Tua Palavra diz que há o tempo de ter piedade de Sião. Como um cidadão de Sião, declaro que caminho no auxílio de Deus. Este é o tempo determinado para Seu auxílio abundar e aumentar em mim (Sl. 102:13).

Senhor, construa em Sião e apareça em glória, para que as nações possam temer a Ti e todos os reis da terra vejam a Tua glória (Sl. 102:15-16).

Senhor, Tu ouvirás a oração do desamparado e não a desprezará (Sl. 102:17).

Senhor, Tu olharás de cima de Teu santuário, ouvirás o gemido do prisioneiro e lançarás os que estão condenados à morte (Sl. 102:19-20).

Louvarei ao Senhor com todo o meu ser e não esquecerei todas as Suas benfeitorias (Sl. 103:2).

Senhor, Tu perdoaste todos os meus pecados e curaste todas as minhas doenças (Sl. 103:3).

Senhor, Tu me redimiste da perdição e me coroaste com amor e compaixão (Sl. 103:4).

Tu satisfazes meus desejos com boas coisas, para que minha juventude seja renovada como a da águia (Sl. 103:5).

Senhor, faça juízo e justiça para todo oprimido (Sl. 103:6).

Tão longe quanto o oriente é do ocidente, assim Tu removeste minhas transgressões de mim (Sl. 103:12).

Senhor, Tu estabeleceste Teu trono no céu, e Teu reino governa sobre todos os outros (Sl. 103:19).

Tudo que é criação de Deus e tudo o que Ele governa, venha e louve ao Senhor! Com todo meu coração eu louvo ao Senhor! (Sl. 103:22).

Quantas são Tuas obras, Ó Senhor! Em sabedoria Tu fizeste a todos; a terra está cheia de Tuas criaturas (Sl. 104:24).

Que a glória do Senhor dure para sempre; que o Senhor se regozije em Suas obras (Sl. 104:31).

Senhor, transforme meus desertos em grandes lagos e minha terra seca em fontes (Sl. 107:35).

Senhor, envie de Sião o cetro de Tua força; governe, pois, em meio de Teus inimigos (Sl. 110:2).

Senhor, dê-me o que comer e lembre-me sempre da aliança (Sl. 111:5).

Senhor, Tu redimiste Teu povo e ordenaste a Tua aliança para sempre; santo e reverenciado é Teu nome (Sl. 111:9).

Do nascer do sol até que ele se ponha, o nome do Senhor será louvado. O Senhor está acima de todas as nações, e Sua glória está acima dos céus (Sl. 113:3-4).

Levante o pobre do pó e o necessitado do monturo (Sl. 113:7).

Que a mulher estéril tenha um lar e seja uma alegre mãe para as crianças (Sl. 113:9).

Trema, Ó terra, na presença do Senhor, na presença do Deus de Jacó (Sl. 114:7).

Todas as nações, venham louvar o Senhor! Que todos O louvem. Seu amor para conosco é maravilhoso; Sua fidelidade nunca acaba. Exaltem louvores ao Senhor! (Sl. 117).

Exaltações de alegria e vitória ressoam na tenda dos justos: "a destra do Senhor faz proezas" (Sl. 118:15).

Senhor, Tu abriste as portas da justiça; entrarei e louvarei a Ti (Sl. 118:19).

A pedra que os construtores rejeitaram se tornou a pedra angular. Este era o feito do Senhor; é maravilhoso em meus olhos (Sl. 118:22-23, NVI).

Este é o dia que Tu fizeste; regozijarei e me alegrarei nele (Sl. 118:24).

Salve agora, suplicamos a Ti, Ó Senhor; envie a Tua prosperidade, Ó Senhor, suplicamos a Ti, e nos dê sucesso! (Sl. 118:25).

O Senhor é teu guardador; o Senhor é a tua sombra na destra. O sol não te abaterá durante o dia, e nem a lua durante a noite. O Senhor te preservará de todo mal; Ele preservará a tua alma (Sl. 121:5-7).

O Senhor preservará minha ida e minha vinda de agora em diante, e para todo o sempre (Sl. 121:8).

Que a paz [*shalom*] esteja entre minhas paredes e a prosperidade em meu palácio (Sl. 122:7).

Senhor, cerque Teu povo assim como as montanhas cercam Jerusalém, agora e para sempre (Sl. 125:2).

Que Teus sacerdotes sejam justos e Teus santos se regozijem em Ti (Sl. 132:9).

Senhor, Tu escolheste Sião [Tua igreja] e a desejaste como Tua morada. Este é Teu lugar de descanso para sempre; aqui Tu habitas, pois Tu o desejaste (Sl. 132:13-14).

Abençoa minha provisão e satisfaça-me com pão (Sl. 132:15).

Vista-me com salvação e muito me alegrarei (Sl. 132:16).

Senhor, ordene benção e vida sobre Sião [a igreja] para sempre (Sl. 133:3).

Levantarei minhas mãos no santuário e abençoarei o Senhor. Senhor, Tu fizeste o céu e a terra, e me abençoarás fora de Sião (Sl. 134:2-3).

Senhor, Tua misericórdia dura para sempre (Sl. 136).

Que todos os reis da terra louvem a Ti quando ouvirem as palavras de Tua boca (Sl. 138:4).

Senhor, aperfeiçoa o que me preocupa, pois Tua misericórdia dura para sempre (Sl. 138:8).

Louvarei a Ti, Ó Senhor, pois sou admirável e maravilhosamente feito (Sl. 139:14).

Senhor, Teus pensamentos são preciosos para mim; quão grande é a soma deles! São mais em número do que a areia (Sl. 139:17-18).

Coloca uma guarda, Ó Senhor, em minha boca; faça guarda na porta de meus lábios (Sl. 141:3).

Eu oro a Ti, Senhor! Tu és meu refúgio seguro, e Tu és minha escolha na terra dos viventes. Por favor, responda minhas orações. Estou totalmente desamparado. Ajude! Eles estão me perseguindo, e são muito fortes. Resgate-me desta prisão, para que eu possa louvar Teu nome. E quando Teu povo vir Tua maravilhosa benignidade para comigo, eles virão para o meu lado (Sl. 142:5-7).

Faça-me ouvir do Teu amor leal pela manhã, pois nele eu confio; faça-me saber qual caminho devo seguir, pois elevo minha alma a Ti (Sl. 143:8).

Ensina-me a fazer a Tua vontade, pois Tu és meu Deus; Teu espírito é bom. Guia-me por terra plana (Sl. 143:10).

Senhor, Tu és meu amor inabalável e minha fortaleza, minha torre alta e meu livramento, meu escudo e em quem confio e me refugio, quem sujeita o povo a mim (Sl. 144:2).

Que nossos filhos sejam como plantas crescendo na juventude (Sl. 144:12).

Que nossos filhos se tornem pilares, esculpidos à moda dos palácios (Sl. 144:12).

Encha nossas dispensas, suprindo todos os tipos de provimento (Sl. 144:13).

Nossos rebanhos produzirão milhares e e dezenas de milhares em nossos campos (Sl. 144:13).

Nossos bois serão fortes para o trabalho; para que não haja nenhuma ruptura ou saída; para que não haja reclamações em nossas ruas. Feliz eu sou, pois Deus é o Senhor (Sl. 144:14-15).

Que esta geração louve Tuas obras à outra e declare Teus atos de proeza (Sl. 145:4).

Meditarei no esplendor glorioso de Tua majestade e em nossas obras maravilhosas (Sl. 145:5).

Os homens falarão da força de Teus atos maravilhosos e declararei Tua grandeza (Sl. 145:6).

Que os homens falem da glória de Teu reino e falem do Teu poder (Sl. 145:11).

Teu reino é um reino eterno, e Teu domínio durará por todas as gerações (Sl. 145:13).

Senhor, liberte os prisioneiros (Sl. 146:7).

Senhor, abra os olhos do cego, e levante aqueles que estão curvados (Sl. 146:8).

Senhor, guarda os estrangeiros e alivia o órfão e a viúva, mas transtorne os caminhos do ímpio (Sl. 146:9).

Que Teu reino e reinado toquem esta geração (Sl. 146:10).

Senhor, construa sobre Jerusalém [Tua igreja], e congrega os dispersos de Israel (Sl. 147:2).

Senhor, cura o coração quebrantado e sara suas feridas (Sl. 147:3).

Senhor, exalta o humilde, mas rebaixa o ímpio ao chão (Sl. 147:6).

Senhor, distribua paz em minhas fronteiras e encha-me com o mais fino trigo (Sl. 147:14).

Que os céus, as alturas, os anjos, o sol, a lua, e as estrelas de luz louvem a Ti, Senhor. Que os céus dos céus, as águas sobre os céus louvem o nome do Senhor: pois Ele ordenou, e eles foram criados (Sl. 148:1-5).

Louve o Senhor da terra, as grandes criaturas do mar e das profundezas; fogo e granizo, neve e nuvens; ventos de tempestade, que executam Sua palavra; montanhas e todos os montes; árvores frutíferas e todo cedro; bestas e todo gado; animais rastejantes e aves que voam; reis da terra e todos os povos; príncipes e todos os juízes da terra; os moços e as moças; o velho e a criança. Que louvem o nome do Senhor, pois só o Seu nome é exaltado; Sua glória está acima da terra e do céu (Sl. 148:7-13).

Louve ao Senhor! Cante ao Senhor uma nova canção e Seu louvor na congregação dos santos (Sl. 149:1).

Regozijarei nele, que me criou. Que Sião seja alegre em seu Rei (Sl. 149:2).

Senhor, agrade-se de mim e me orne com salvação (Sl. 149:4).

Onde está a palavra do rei, ali está o poder; Senhor, libere Tua palavra (Ec. 8:4).

Que as nações venham à montanha da casa do Senhor [a igreja], e que elas aprendam Seus caminhos e veredas. Que elas convertam suas espadas em enxadas e suas lanças em foices, e que aprendam a não mais guerrear (Is. 2:2-4).

Que as pessoas que caminham nas trevas e nas sombras da morte vejam a Tua luz (Is. 9:2).

O aumento do Teu governo e paz [*shalom*], não tem fim. Que Teu governo e paz aumentem de geração em geração (Is. 9:7).

Que os restantes, eleitos por Ti, dependam de Ti, o Santo de Israel. Que os restantes retornem a Ti como a areia do mar, para que o decreto de destruição transborde em justiça (Is. 10:20-22).

Senhor, Tu és a raiz de Jessé, e estás posto como estandarte para Teu povo. Que as nações busquem a Ti e entrem em Teu glorioso descanso (Is. 11:10).

Deus é minha salvação. Confiarei e não terei medo, pois o Senhor Jeová é minha força e minha canção; Ele se tornou minha salvação (Is. 12:2).

Com alegria tirarei água das fontes de salvação (Is. 12:3).

Louvarei ao Senhor, clamarei Seu nome, declararei Seus feitos entre os povos e farei menção para que Seu nome seja exaltado (Is. 12:4).

Cantarei ao Senhor, pois ele fez obras excelentes; conheça-se em toda a terra (Is. 12:5).

Clamarei e exultarei, porque sou habitante de Sião, e grande é o Santo de Israel no meio de mim (Is. 12:6).

Alegrarei-me no descanso que tenho em Cristo. Descansarei do sofrimento e da dor, e da dura escravidão (Is. 14:3).

Toda a terra [a igreja] descansa e é calma; que ela [a igreja] rompa cantando (Is. 14:7).

Que as árvores [a igreja] regozijem na queda do opressor (Is. 14:8).

Senhor, exatamente como Tu plantaste, acontecerá. Estas são Tuas determinações, assim acontecerá. Quebrantarás os inimigos que ultrapassarem Tua terra e nas montanhas pisarás. Tu apartarás Teu jugo e a Tua carga se desviará dos seus ombros. Este é o Teu plano, planejado para toda a terra. E esta é Tua mão estendida a todas as nações. Porque o Senhor dos Exércitos planejou isto. Quem poderia cancelar Seus planos? Tua mão está estendida. Quem poderia fazê-la voltar atrás? (Is. 14:24-27).

Senhor, Teu trono está estabelecido em misericórdia e Tu sentas em verdade no tabernáculo de Davi, julgando e buscando justiça e apressando o justo (Is. 16:5).

Senhor, no Monte [Sião] Tu farás para todos um banquete rico [símbolo do festival da coroação que inaugurou o reino do Senhor na terra], um banquete de vinhos puros – com pratos fartos cheios de tutanos e vinhos bem refinados. E Tu destruirás nesta montanha a capa que envolve a cabeça de todos os povos [de luto] e o véu [de profunda infelicidade] que está tecido e envolvendo todas as nações (Is. 25:6-7).

Senhor, canto uma nova canção. Tenho uma cidade forte; a salvação está posta pelos muros e antemuros (Is. 26:1).

Os portões de Sião estão abertos; que entre a nação justa que se mantém em Tua verdade (Is. 26:2).

Tu me guardarás em paz perfeita, porque minha mente está firme em Ti e confio em Ti (Is. 26:3).

Confiarei no Senhor para sempre; pois no Senhor Jeová está a força eterna (Is. 26:4).

Senhor, Tu estabeleces paz [*shalom*] para nós (Is. 26:12).

Tu irás [libertar Israel de seus inimigos e dos poderes rebeldes do mal e das trevas]. Tua afiada e reluzente, grande e forte espada castigará Leviatã, serpente veloz, Leviatã, a serpente tortuosa (Is. 27:1).

Cantarei a canção da igreja, um vinhedo frutífero. Tu me regarás a todo momento, e me guardarás noite e dia para que ninguém possa me prejudicar (Is. 27:2-3).

Senhor, Tu colocaste uma pedra em Sião [Tua igreja] e determinaste para ela um alicerce, uma pedra, uma preciosa pedra angular, um alicerce seguro, e nunca serei consternado porque acredito em Ti (Is. 28:16).

Senhor, Tu esperas para ser bondoso comigo; Tu levantas para me mostrar compaixão. Tu és um

Deus de justiça. Esperarei por Ti e serei abençoado (Is. 30:18).

Eu ouço a voz do Senhor. Ele me diz o caminho, quando eu devo virar à direita ou à esquerda e me aconselha a andar em retidão (Is. 30:21).

Eu tenho uma canção e alegria de coração, e venho à montanha do Senhor, do Altíssimo de Israel (Is. 30:29).

Que Teu Espírito seja derramado do alto, o deserto seja um campo fértil e o campo fértil seja como uma floresta (Is. 32:15).

Que a obra da justiça seja paz em minha vida e que os efeitos da justiça sejam calmaria e confiança para sempre (Is. 32:17).

Que eu habite em lugares pacíficos, em lares seguros, em locais tranquilos de descanso (Is. 32:18).

Senhor, seja gracioso comigo; eu espero por Ti. Seja minha força em cada manhã, minha salvação nos tempos de aflição (Is. 33:2).

Que a sabedoria e o conhecimento sejam minha estabilidade e força de salvação, e o temor ao Senhor seja meu tesouro (Is. 33:6).

Senhor, caminharei corretamente e falarei com retidão; desprezarei o ganho que vem da fraude e da opressão fechando minha mão para subornos; fecharei meus ouvidos para os assassinatos e meus olhos de contemplarem o mal. Portanto, Tu me farás habitar nas alturas; meu refúgio será fortaleza de Tuas rochas; o pão me será dado e a água para mim será certa (Is. 33:15-16).

Que meus olhos vejam Tua beleza (Is. 33:17).

Que a Tua igreja seja tão segura quanto uma tenda com estacas que não podem ser puxadas e cordas que não podem ser rompidas (Is. 33:20).

Senhor, seja para mim um lugar com amplos rios e córregos (Is. 33:21).

Não direi que estou doente, pois minha iniquidade é perdoada (Is. 33:24).

Que cada deserto e lugar solitário em minha vida regozije e floresça abundantemente como uma rosa (Is. 35:1).

Que o regozijo, a alegria, e o cantar cheguem a todo deserto (Is. 35:2).

Que a glória de Líbano, o resplendor de Carmelo e Sarom, entrem em minha vida, e que eu veja a glória do Senhor (Is. 35:2).

Fortaleça minhas mãos fracas e firma meus joelhos débeis (Is. 35:3).

Abra meus olhos, e remova toda a cegueira de minha vida (Is. 35:5).

Abra meus ouvidos e acabe com toda a surdez de minha vida (Is. 35:5).

Que cada área imperfeita de minha vida seja curada, e saltarei como um cervo (Is. 35:6).

Que minha língua cante de alegria, e que as águas e córregos arrebentem em minha vida (Is. 35:6).

Que cada parte seca de minha vida se transforme em um lago, e toda área sedenta em córregos de água (Is. 35:7).

Que eu ande no caminho da santidade e que nenhum leão ou besta feroz apareça, pois sou o remido do Senhor (Is. 35:8-9).

Virei à Sião com canções e alegria eterna sobre minha cabeça (Is. 35:10).

Obterei alegria e júbilo, e fugirão de minha vida o sofrimento e o gemido (Is. 35:10).

Recebo o conforto do Senhor; minha iniquidade é perdoada e minha milícia foi cumprida (Is. 40:1-2)

O caminho do Senhor é feito de força em minha vida, e a vereda foi endireitada por Deus (Is. 40:3).

Que cada vale em minha vida seja exaltado e toda montanha seja abatida (Is. 40:4).

Que os caminhos tortos em minha vida sejam endireitados, e os lugares acidentados sejam aplanados (Is 40:4).

Que a glória do Senhor seja revelada em minha vida, pois Tu, Ó Senhor, assim disseste (Is. 40:5).

Irei à montanha do Senhor, levantarei minha voz com força e declararei: “Eis aqui o vosso Deus” (Is. 40:9).

Senhor, sou parte de Teu rebanho; alimenta-me e guia-me gentilmente (Is. 40:11).

Senhor, dê-me poder e aumente a minha força (Is. 40:29).

Esperarei no Senhor e renovarei minha força (Is. 40:31).

Subirei com asas como uma águia; correrei e não me cansarei, caminharei e não me fatigarei (Is. 40:31).

Senhor, não terei medo, pois Tu estás em mim; Tu me fortaleces, me ajudas e me sustentas com Tua destra (Is. 41:10).

Não terei medo, pois Tu, Senhor, segurarás minha mão e me ajudarás (Is. 41:13).

Senhor, Tu permitiste que eu fosse como um trilho novo, com dentes agudos. Tu me ajudarás a trilhar e moer cada monte e montanha até que virem pó.

Um vento forte os dissipará em todas as direções (Is. 41:15-16).

Senhor, abra os rios nos lugares altos para mim, e fontes em meio a meu vale (Is. 41:18).

Senhor, cada deserto de minha vida Tu encherás com todos os tipos de árvores – cedros, acácias e murtas; oliveiras e faias; pinheiro e álamo (Is. 41:19).

Todos verão e saberão, e ponderarão e entenderão juntos que a mão do Senhor fez isto em minha vida, e sou Sua nova criação (Is. 41:20).

Senhor, estabeleça Tua justiça na terra, e que as ilhas recebam a Tua lei (Is. 42:4).

Que os olhos cegos sejam abertos, e que os prisioneiros e aqueles que estão na escuridão da prisão sejam libertos (Is. 42:7).

Que boas novas sejam anunciadas e que brotem em minha vida (Is. 42:9).

Cantarei a Ti uma nova canção e lançarei Teu louvor em minha vida (Is. 42:10).

Que os desertos de minha vida levantem suas vozes e que eu exulte do topo da montanha (Is. 42:11).

Darei glória a Ti e declararei Teu louvor (Is. 42:12).

Senhor, saia como o homem poderoso; clame, faça grande ruído e prevaleça contra Teus inimigos (Is. 42:13).

Senhor, leve o cego a um caminho que ele não conhece e guie-o em veredas desconhecidas (Is. 42:16).

Faça das trevas luz diante de mim e das coisas tortuosas retas em minha vida (Is. 42:16).

Senhor, engrandeça Tua lei e a faça honrada (Is. 42:21).

Senhor, Tu me redimiste; convocaste-me pelo nome; sou Teu. Não terei medo (Is. 43:1).

Quando passar pelas águas, Tu estarás comigo; os rios não inundarão minha vida (Is. 43:2).

Quando passar pelo fogo, não me queimarei, e as chamas não me deixarão em brasa (Is. 43:2).

Senhor, Tu me trouxeste dos confins da terra e me juntaste ao Santo de Israel (Is. 43:3-6).

Senhor, Tu me criaste para Tua glória; Tu me formaste e me fizeste (Is. 43:7).

Senhor, sou Tua testemunha, sou Teu servo, Tu me escolheste e não há nenhum outro Deus além de Ti (Is. 43:10-11).

Senhor, abra um caminho no mar e veredas nas águas poderosas (Is. 43:16).

Senhor, Tu fizeste sair os carros e cavalos, o exército e os reforços, e se deitaram para nunca se levantarem novamente, extintos, apagados como um pavio (Is. 43:17).

Senhor, ajude-me a esquecer as coisas que passaram e a não habitar no passado. Faça algo novo em minha vida. Abra um caminho na imensidão e rios no deserto (Is. 43:19).

Que os animais ferozes do campo honrem a Ti, os javalis e as corujas, porque Tu proveste água na imensidão e fontes nos lugares ermos para me dar de beber. Tu me escolheste (Is. 43:20).

Senhor, Tu me formaste de Ti mesmo, e anunciarei Teu louvor (Is. 43:21).

Senhor, Tu apagaste meus pecados por Teu amor e não Te lembrarás deles (Is. 43:25).

Derrame água em cada lugar onde há sede em minha vida, e que ela flua em cada lugar seco (Is. 44:3).

Derrame Teu Espírito em meus descendentes e abençoe-os por minha fonte (Is. 44:3).

Que a minha fonte faça brotar como ervas ou como salgueiros junto aos ribeiros para adorar a Ti e ser Teu povo (Is. 44:4).

Tu apagaste minhas transgressões como a névoa da manhã; tornei-me a Ti, pois Tu me remiste (Is. 44:22).

Que os céus cantem e que as partes baixas da terra clamem, o Senhor as fez (Is. 44:23).

Que as montanhas, a floresta, e cada árvore cantem, pois Tu me remiste (Is. 44:23).

Senhor, frustre os falsos profetas e os faça tolos; converta em loucura o aprendizado deles (Is. 44:25).

Confirme a palavra de Teus servos e cumpra o que dizem as mensagens (Is. 44:26).

Que Jerusalém, Tua igreja, seja habitada, que as cidades de Judá (louvor) sejam edificadas e que os lugares decaídos sejam restaurados (Is. 44:26).

Que a profundeza seja seca, e seque os rios para que Teu ungido possa atravessar (Is. 44:27-28).

Senhor, sou Teu ungido. Carregue-me com a destra, submeta as nações, desarme os reis de suas armaduras e abra as portas diante de mim, e que os portões não sejam fechados (Is. 45:1).

Vá adiante de mim e aplaine as montanhas, quebre as portas de bronze e despedace as barras de ferro (Is. 45:2).

Dê-me os tesouros da escuridão e as riquezas escondidas em lugares secretos (Is. 45:3).

Que os céus venham abaixo e que o firmamento caia em justiça. Que a terra se abra, que produza-se salvação e que a justiça brote junto com ela (Is. 45:8).

Que as nações venham e se rendam dizendo "Deus está em ti, e não há nenhum outro deus" (Is. 45:14).

Sou salvo pela salvação eterna, e o Senhor sempre me manterá a salvo e livre da vergonha (Is. 45:17).

Que os fins da terra olhem para Ti e sejam salvos (Is. 45:22).

No Senhor eu tenho justiça e força (Is. 45:24).

Sou justificado no Senhor e glorifico Sua salvação (Is. 45:25).

Que cada ídolo se curve e se incline diante do Senhor (Is. 46:1).

Senhor, Tu declaras o fim desde o princípio. Que Teu conselho seja firme e que se faça toda a Tua vontade (Is. 46:10).

Senhor, Tu colocaste Tua justiça e salvação em Sião (Is. 46:13).

Ensina-me o que é útil e guia-me pelo caminho que devo ir (Is. 48:17).

Senhor, Tu és a luz das nações e Tua salvação vai até os fins da terra (Is. 49:6).

Que os reis Te vejam e se levantem; que os príncipes se abaixem e Te adorem, pois Tu és fiel e me escolheste (Is. 49:7).

Senhor, Tu disseste que responderia minhas orações e que no tempo aceitável virias me salvar. Tu me escolheste para levar Tua promessa de esperança a outras nações. Tu reconstruirás o país de suas ruínas, e o povo lá se acomodará (Is. 49:8).

Tu libertarás os prisioneiros das masmorras para que vejam a luz do dia. No caminho para casa, eles terão abundância para comer, mesmo em montes estéreis. Eles não sentirão fome ou sede; não serão atingidos pelo sol ou pelos ventos do deserto. Tu serás agraciado em guiá-los e levá-los aos mananciais das águas (Is. 49:9-10).

Que Tuas montanhas se transformem em um caminho, e que Teus lugares altos sejam exaltados (Is. 49:11).

Exaltem a alegria, Ó céus; regozije, Ó terra; cantem, Ó montanhas! Para que o Senhor conforte Seu povo e tenha compaixão dos aflitos (Is. 49:13).

Que nossas crianças venham apressadamente e que os destruidores saiam de minha vida (Is. 49:17).

Senhor, agradeço por Tua promessa de anunciar a todas as nações para levarem nossos filhos e filhas aos exércitos de Jerusalém [a igreja] (Is. 49:22).

Que os reis e rainhas se curvem, e que aqueles que esperam em Ti não sejam envergonhados (Is. 49:23).

Que os cativos do poderoso sejam afastados dele e as presas do tirano sejam libertadas (Is. 49:25).

Senhor, Tu confortaste Sião [a igreja] e olhaste com compaixão para todas as suas ruínas (Is. 51:3).

Senhor, faça com que meus desertos sejam como o Jardim do Éden e meus lugares ermos como o jardim do Senhor. Encha-me com alegria e felicidade, ação de graças e a voz das canções (Is. 51:3).

Senhor, não és Tu que secas o mar, as águas do grande abismo, que fazes uma estrada no fundo do mar para que os remidos atravessem? (Is. 51:10).

Tu me resgataste e me fizeste entrar em Sião com canção; Tu me deste uma coroa com alegria eterna e felicidade, e o sofrimento e o gemido fugirão (Is. 51:11).

Senhor, Tu colocaste Tuas palavras em minha boca e me cobriste com a sombra de Tua mão, para que pudesses plantar os céus, fundar a terra e dizer a Sião: "Tu és o meu povo" (Is. 51:16).

Despertarei, me vestirei de força e vestirei meus belos adornos, e nenhuma impureza entrará em minha vida (Is. 52:1).

Eu me sacudirei e me libertarei das cadeias de meu pescoço, pois sou remido mesmo sem dinheiro (Is. 52:2-3).

Que o Evangelho do Reino seja pregado; que as boas novas de paz sejam anunciadas; declararei: "Meu Deus reina" (Is. 52:7).

Que os lugares ermos clamem juntos cantando em alegria, pois Tu confortaste Teu povo (Is. 52:9).

Desnude Teu santo braço diante dos olhos de todas as nações, e que os fins da terra vejam a Tua salvação (Is. 52:10).

Senhor, vá adiante de mim e seja minha retaguarda (Is. 52:12).

Senhor, borrife muitas nações; que elas vejam, e que as que não ouviram entendam (Is. 52:15).

Creio em Tua mensagem e Teu braço é a mim revelado (Is. 53:1, NVI).

Senhor, Tu tomaste minhas dores e carregaste meus sofrimentos; foste ferido por minhas transgressões e moído por minhas iniquidades; o castigo que me trouxe paz estava sobre Ti, e por Tuas feridas estou curado (Is. 53:4-5).

Cantarei e exultarei a alegria, pois Tu me disseste para alargar minha tenta e esticar minhas cortinas, pois meus descendentes possuirão nações e habitarão cidades desoladas (Is. 54:1-3).

Não terei medo e não serei envergonhado, pois o Senhor me fez, e Ele é o Deus de toda a terra (Is. 54:5).

Senhor, abalem-se as montanhas e removam-se os montes. Teu amor infalível por mim não será abalado e Tua aliança de paz não será removida de minha vida, pois Tu tiveste compaixão de mim (Is. 54:10).

Embora eu tenha sido atingido pelas tempestades, Tu prometeste edificar-me com pedras de ornamento e minhas fundações em safiras. Tu farás meus vitrais de rubis, portas de carbúnculos e todas as minhas paredes de pedras preciosas (Is. 54:11-12).

Sou ensinado pelo Senhor e tenho muita paz [*shalom*] (Is. 54:13).

Sou estabelecido na justiça, e a tirania ficará longe de mim; não terei medo de nada, pois o terror será levado para longe e não chegará perto de mim (Is. 54:14).

Nenhuma arma apontada contra mim prevalecerá, e refutarei toda língua que me acusar, pois esta é minha herança e a justiça que procede do Senhor (Is. 54:17).

Eu recebo a aliança perpétua e recebo firmes benevolências de Davi (Is. 55:3).

Sairei com alegria e serei guiado em paz; as montanhas e os montes romperão em canções diante de mim e todas as árvores do campo baterão palmas (Is. 55:12).

Faias e murtas crescerão nos campos cobertos por espinhos. E aquelas árvores serão eternas testemunhas da glória do Senhor (Is. 55:13).

Senhor, Tu me deste um lugar entre Teus muros e me deste um nome, um nome eterno, que não teve ser tirado (Is. 56:5).

Eu vou à montanha do Senhor, sou alegre na casa de oração e ofereço o sacrifício do louvor a Deus (Is. 56:7).

Senhor, que minha luz rompa como a manhã, que minha saúde brote rapidamente, que minha justiça vá adiante de mim e que Tu, Senhor, seja minha retaguarda (Is. 58:8).

Senhor, guia-me continuamente, satisfaça minha alma na seca e fortifique meus ossos; que eu seja um jardim regado e como uma fonte, em que nunca falta água (Is. 58:11).

Senhor, que eu edifique os lugares ermos e levante as fundações de muitas gerações; que eu repare a violação e restaure as veredas para habitá-las (Is. 58:12).

Senhor, eu me deleito em Ti; faça com que eu vá até os lugares altos da terra e sustenta-me com a herança de Jacó, pois Tua boca assim o disse (Is. 58:14).

Que as nações temam a Ti desde o poente, e Tua glória desde o nascente do sol (Is. 59:19).

Quando o inimigo chegar em uma torrente, o Espírito do Senhor levantará um estandarte contra ele (Is. 59:19).

Senhor, eu recebo Tua aliança, Teu Espírito está sobre mim e Tuas palavras estão em minha boca (Is. 59:21).

Que a Tua igreja surja e brilhe, pois a glória do Senhor está acima de nós (Is. 60:1).

Que a glória do Senhor seja vista da igreja, e que os que estão nas trevas venham para a luz e vejam o brilho de seu crescimento (Is. 60:2-3).

Que os filhos e filhas das nações venham a Sião (Is. 60:4).

Que nossos corações se encham de alegria, pois a abundância do mar se tornará a nós. E as riquezas dos gentios virão a Sião [a igreja] (Is. 60:5).

As portas de Sião estão abertas continuamente; não se fecham de dia e nem de noite, para que o homem possa trazer as riquezas das nações (Is. 60:11).

Que a glória do Líbano venha a Sião, que seu santuário seja adornado e que Teus lugares sejam glorificados (Is. 60:13).

Estamos na cidade do Senhor, a Sião do Santo de Israel (Is. 60:14).

Senhor, [em vez da tirania da atualidade] Tu darás paz aos oficiais e justiça aos exatores (Is. 60:17).

Não mais se ouvirá falar de violência em minha terra ou de devastação e destruição em minhas fronteiras, mas chamarei meus muros Salvação e minhas portas Louvor (Is. 60:18).

O Senhor é minha luz eterna e meu Deus é minha glória (Is. 60:19).

Senhor, isto é o que prometeste: "Nunca mais se porá o teu sol, nem a tua lua minguará; porque o Senhor será a tua luz perpétua, e os dias do teu luto findarão. E todos os do teu povo serão justos, para sempre herdarão a terra; serão renovos por mim plantados, obra das minhas mãos, para que eu seja glorificado. O menor virá a ser mil, e o mínimo uma nação forte; eu, o Senhor, ao seu tempo o farei prontamente" (Is. 60:20-22).

Senhor, Tu me deste beleza em vez de cinzas, o óleo da alegria ao invés da tristeza, vestes de louvor em vez do espírito de pesar; para que eu possa ser chamado árvore da justiça, Tua plantação, para que Tu sejas glorificado (Is. 61:3).

Sou um sacerdote do Senhor, um servo de Deus como as riquezas das nações (Is. 61:6).

Em vez da vergonha, receberei honra em dobro (Is. 61:7).

Recebo a aliança eterna e sou a descendência abençoada do Senhor (Is. 61:8-9).

Eu me deleito grandemente no Senhor; minha alma regozija em meu Deus. Pois Ele vestiu-me com a salvação e cobriu-me com um manto de justiça (Is. 61:10).

Que a justiça e o louvor brotem diante de todas as nações (Is. 61:11).

Que as nações vejam a Tua justiça e que todos reinem em Tua glória (Is. 62:2).

Sou a coroa da glória na mão do Senhor e o diadema real na mão do meu Deus (Is. 62:3).

Eu [Judá] não mais serei Desamparada, e nem minha terra será chamada Assolada. Serei chamada Hefizibá [meu deleite está nela], e minha terra será chamada Beulá [casada]; pois o Senhor se deleita em mim, e minha terra estará casada [pertencente e protegida pelo Senhor] (Is. 62:4).

Não darei descanso ao Senhor até que Jerusalém [a igreja] se estabeleça e seja feita louvor na terra (Is. 62:7).

Comerei e beberei nos pátios de Teu santuário (Is. 62:9).

Sou o remido do Senhor e sou a procurada, cidade não abandonada (Is. 62:12).

Mencionarei a bondade do Senhor e Seus louvores, por tudo aquilo que Deus fez para mim, e a grande bondade feita por Israel [a igreja] de acordo com Sua misericórdia e com as multidões de Sua bondade (Is. 63:7).

Desde os tempos antigos ninguém ouviu, nenhum ouvido perseverou, nenhum olho viu nenhum Deus além de Ti, que trabalha por aqueles que esperam por Ele. Mas Tu, Senhor, os revelou a mim por Seu Espírito (Is. 64:4; 1 Co. 2:10).

Senhor, venha a mim, que pratico a alegria e as obras da justiça (Is. 64:5).

Senhor, Tu és o oleiro, e eu sou a argila; sou a obra em Tuas mãos (Is. 64:8).

Sou a semente de Jacó. Sou o escolhido, herdei as montanhas santas e lá habitarei (Is. 65:9).

Eu habito em Sarom e descanso no vale de Acor (Is. 65:10).

Sou uma nova criação em Cristo; minha velha vida não será lembrada e nem virá em minha mente (Is. 65:17).

Alegrar-me-ei e regozijarei na nova criação, pois Tu criaste Tua igreja para regozijo e Teu povo para alegria (Is. 65:18).

Senhor, Tu regozijaste em mim, e o pranto e a lamentação nunca mais serão ouvidos em minha vida (Is. 65:19).

Não trabalharei em vão, mas esbanjarei o fruto de meu trabalho, pois sou o bendito do Senhor (Is. 65:21-23).

Antes de eu chamar, Tu responderás; e enquanto eu não estiver falando, Tu já ouvirás (Is. 65:24).

Tu fizeste os gentios e judeus [lobo e cordeiro] comerem juntos em Tua igreja, e o pó é a refeição da serpente. Não há ferida ou destruição em Tua santa montanha (Is. 65:25).

Regozije em Jerusalém [a igreja], e se alegre com ela, todos que a amam. Regozije em alegria com ela, todos que por ela pranteiam (Is. 66:10).

Senhor, estenda paz [*shalom*] para Tua igreja como um rio (Is. 66:12).

Meu coração regozija e meus ossos florescem como erva, e a terra do Senhor é feita pra mim (Is. 66:14).

Eu vou à montanha do Senhor, Sião, e me ofereço como um sacrifício vivo (Is. 66:20).

Sou sacerdote e Levita pela nova aliança, e pela nova criação e sou um adorador (Is. 66:21-23).

Senhor, eu creio em Ti. Que eu seja como uma árvore plantada nas águas que brotam minhas raízes pelo rio, e então não precisarei ter medo quando chegar o calor. Que minhas folhas sejam verdes, que eu não fique ansioso na época da seca e não pare de dar frutos (Jr. 17:7-8).

Senhor, Tu és o ramo de Davi; reina, prospera e executa o juízo e a justiça na terra (Jr. 23:5).

Tu és o Senhor da nossa justiça; sou salvo e habito em segurança (Jr. 23:6).

Tu me remiste e me resgataste daqueles que são mais fortes do que eu (Jr. 31:11).

Que eu venha, cante nas alturas de Sião e regozije na bondade do Senhor, que me abastece com trigo, vinho e óleo. Meu solo será como um jardim regado, e não sofrerei mais (Jr. 31:12).

Senhor, satisfaça minha alma com abundância e encha-me com Tua bondade (Jr. 31:14).

Senhor, por meio da Tua nova aliança, estabeleça Tua lei em minha mente e a escreva em meu coração (Jr. 31:33).

Senhor, vigie Tuas ovelhas e cuide delas. Resgate-as e as traga de volta das nações estrangeiras em que elas viviam. Seja o pastor delas e deixe-as pastarem em campos férteis e se alimentarem em um rico pasto e em verdes montes. Traga de volta as que fugirem; enfaixe as que estão feridas e proteja as que estão fracas (Ez. 34:11-16).

Que Tua chuva de bençãos desça sobre minha vida neste momento (Ez. 34:26).

Senhor, aspirja as nações; dê às pessoas um novo coração e um novo espírito; coloque Teu espírito nelas e as faça manterem Teus estatutos e juízos (Ez. 36:25-27).

Que a Tua aliança de paz continue de geração em geração, e que Teu santuário se estabeleça entre nós (Ez. 37:26-27).

Senhor, mostre Tua grandeza e santifica-Te, e que as nações saibam que Tu és o Senhor (Ez. 38:23).

Que o rio da vida flua de Tua morada para as nações, e que as nações sejam curadas (Ez. 47).

Que as nações comam frutos das árvores da vida, e que suas folhas sirvam de remédio (Ez. 47:12).

Senhor, sou santo, e possuo o reino (Dn. 7:22).

Que a soberania, o poder e a grandeza dos reinos abaixo do céu seja entregue para os santos, ao povo do Altíssimo (Dn. 7:27).

Senhor, Tu vieste para dar fim ao pecado e para estabelecer Teu reino (Dn. 9:24).

Senhor, Tu vieste para trazer justiça eterna e para estabelecer Teu reino (Dn. 9:24).

Senhor, Tu vieste para ungir o Altíssimo e para estabelecer Teu reino (Dn. 9:24).

Senhor, eu obtive misericórdia; pertenço a Ti, e Tu és meu Deus (Os. 2:23).

Que qualquer um que chame por Ti seja salvo; que eles venham a Sião e sejam libertos (Jl. 2:32).

Que o povo saiba que Tu és o Senhor Deus, que habita em Sião, o monte santo (Jl. 3:17).

Que nenhum estrangeiro passe mais por Sião (Jl 3:17).

Que as montanhas gotejem novo vinho em minha vida (Jl. 3:18).

Que as montanhas fluam com leite em minha vida (Jl 3:18).

Que os rios de Judá [louvor] inundem minha vida (Jl. 3:18).

Que Tua fonte venha da igreja e regue o vale de Sitim (Jl. 3:18).

Que Judá [louvor] habite em minha vida e em Tua igreja para sempre, de geração em geração (Jl. 3:20).

Senhor, Tu levantaste o tabernáculo de Davi e reparaste os danos e levantaste suas ruínas, como nos dias de antiguidade; que as nações entrem nele (Am. 9:11; At. 15:14-17).

Que Tua igreja possua o restante de Edom e todas as nações que são chamadas pelo Teu nome (Am. 9:12).

Que minha vida produza colheita e que a ceifa continue até o tempo de arar, e o pisar das uvas até o tempo de semear. Vinho novo gotejará dos montes (Am. 9:13).

Que nós possamos reconstruir nossas torres e nelas viver. Que possamos beber vinho de nossos vinhedos e comer da fruta que produzimos (Am. 9:14).

Plante minhas raízes bem fundo na terra que Tu me deste, para que nunca mais eu seja arrancado pela raiz novamente (Am. 9:15).

Que as nações recebam o livramento no Monte Sião e que caminhem em santidade; e que nós possuamos seus bens (Ob. 1:17).

Levante os fiéis do Monte Sião, e que o Monte de Esaú [a carne] seja julgado, pois o Reino é do Senhor (Ob. 1:21).

Senhor, ajunte os que tropeçam; reúna os dispersos e os aflitos (Mq. 4:6).

Senhor, Tu reinas no Monte Sião, de agora em diante, e para sempre (Mq. 4:7).

Teu reino veio a nós, até o antigo domínio (Mq. 4:8).

O Senhor teve compaixão de mim, subjugou minhas iniquidades e lançou meus pecados nas profundezas do mar (Mq. 7:19).

Que os pés daqueles que pregam o evangelho tragam boas novas e anunciem paz às nações (Na. 1:15).

Senhor, Tu regozijas em mim com alegria e canção, e Tu me acalmas com Teu amor (Sf. 3:17).

Senhor, Tu te ocuparás de todo aquele que me aflige, salvarás o aleijado e recolherás os que forem expulsos, fazendo-os voltar para casa e serem louvados e honrados onde foram envergonhados (Sf. 3:19-20).

Que as nações se juntem a Ti, Senhor, e que sejam Teu povo, contigo morando em meio a eles (Zc. 2:11).

Senhor, Tu és o Renovo; edifique o templo [Tua igreja] e reine do Teu trono (Zc. 6:12-13).

Senhor, habite em meio à Tua igreja, a cidade da verdade, a montanha do Senhor (Zc. 8:3).

Senhor, habite em minha vida em verdade e em justiça (Zc. 8:8).

Senhor, declare paz para as nações, e que Teu domínio vá de mar a mar, e do rio até os confins da terra (Zc. 9:10).

Senhor, que sejamos como as joias de uma coroa, erguidos como uma bandeira na terra (Zc. 9:16).

Senhor, quão grande é Tua bondade e quão grande é Tua beleza (Zc. 9:17).

Que Tua fonte flua às nações para tirar delas o pecado e as impurezas (Zc. 13:1).

Que Tua água da vida flua da igreja e que Tu sejas nosso Rei por toda a terra (Zc. 14:8-9).

Senhor, que as nações venham e adorem a Ti, e celebrem a festa dos tabernáculos (Zc. 14:16).

Que as pessoas que Tu reuniste desfrutem este tempo de safra, alegria e louvor (Zc. 14:16).

Que a santidade do Senhor seja sobre minha vida, e servirei em Tua casa (Zc. 14:20).

Que cada panela em Tua casa seja santa, e que nós ofereçamos sacrifícios de louvor (Zc. 14:21; Hb. 13:16).

Senhor, Tu és o Sol da Justiça; surja com a cura em Tuas asas (Ml. 4:2).

Teu é o reino, o poder e a glória para sempre. Amém (Mt. 6:13).

Que os mistérios do Reino sejam revelados a mim (Mt. 13:11).

Que os homens ouçam a palavra de Teu reino e a frutifiquem (Mt. 13:23).

Que sejamos escribas instruídos de Teu reino (Mt. 13:52).

Senhor, que Tua misericórdia esteja sobre aqueles que temem a Ti, de geração a geração (Lc. 1:50).

Senhor, mostre força com Teu braço e dissipe o orgulhoso em sua imaginação (Lc. 1:51).

Senhor, rebaixe a força do trono deles e exalte o humilde (Lc. 1:52).

Senhor, sacie os famintos com boa comida e despeça vazios os ricos (Lc. 1:53).

Senhor, que eu seja livre da mão de meus inimigos, e que eu sirva a Ti sem ter medo, na santidade e na justiça, todos os dias de minha vida (Lc. 1:74-75).

Dê a nós poder e autoridade sobre os demônios para curar doenças, para pregar o reino de Deus e para curar o doente (Lc. 9:1-2).

Senhor, Teu reino não vem com aparência exterior [não é físico], mas está dentro de nós (Lc. 17:20-21).

Que os rios de água da vida fluam de dentro do meu ser (Jo. 7:38).

Que a palavra de Deus cresça e que o número de discípulos seja grandemente multiplicado (At. 6:7).

Que sinais e maravilhas cresçam, em nome de Jesus (At. 14:3).

Sou Judeu, pois fui circuncidado no coração e no espírito, e meu louvor não é dos homens, mas de Deus (Rm. 2:28-29).

Dele, por Ele e para Ele são todas as coisas, glorificadas para sempre. Amém. (Rm. 11:36).

Senhor, Teu reino não é comida e bebida, mas justiça, paz e alegria no Espírito Santo (Rm. 14:17). Que as Tuas justiça, paz e alegria sejam reveladas para sempre.

Para o único Deus sábio, seja dada a glória em Jesus Cristo (Rm. 16:27).

Que Tua palavra seja pregada, não com palavras persuasivas da sabedoria humana, mas na demostração do Espírito e do poder (1 Co. 2:4).

Dê-me o espírito de sabedoria e revelação em Teu conhecimento, e que os olhos do meu entendimento sejam iluminados para conhecer a esperança de Teu chamado e as riquezas da glória de Tua herança (Ef. 1:17-18).

Ó Deus, seja glorificado na igreja com Jesus Cristo por todas as gerações, para todo o sempre (Ef. 3:21).

Vou ao Monte Sião, à cidade do Deus vivo, a Jerusalém celestial (Hb. 12:22).

Para Deus nosso Salvador, o único sábio, a glória e a majestade, o domínio e o poder, agora e para sempre. Amém (Jd. 1:25).

Que as nações [o povo] que são salvas caminhem na luz da Nova Jerusalém, e que os reis levem a glória e a honra a Ti (Ap. 21:24).
